CONTENTS

POWER BREAKFAST

POWER BREAKFAST

LUNCH

LUNCH

COCKTAIL TIME

「**RESTAURANT** $\mathcal{B}$」へ、ようこそ。

窓から差し込む朝の光で目覚めたら、
ベッドから飛び起きて、新しい一日の始まりだ。
さあ、朝食を食べに出かけよう。

レストランのドアを開ければ、トーストの焼ける香ばしい香り。
目の覚めるような鮮やかなフレッシュジュース、
たっぷりのサラダにサンドイッチ。
淹れたてのコーヒーがそこにはある。

この店は、様々な騒音が飛び交う
エネルギーあふれるどこかの街に存在している。
こんなレストラン、あったらいいね。
そこから始まった、わたしたちの架空のレストラン。

さあ、出かけましょう。
RESTAURANT B の世界へ。

本書のレシピにあるトースターのモード、焼き時間などはバルミューダのトースター、「BALMUDA The Toaster Pro(バルミューダ ザ・トースタープロ)」の機能を使用したものとなっています。好みの焼き具合を見つけて調整してください。トーストや料理の表面に、より香ばしい焼き目をつけたい場合はサラマンダーモードがおすすめです。

RESTAURANT

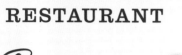

RECIPE

BOOK

POWER BREAKFAST
Weekdays

朝ごはんをちゃんと食べる。
それは一日のスタートにとても大事なこと。
トーストの香りに色鮮やかな野菜たち、
フレッシュな果物のジュース……。
五感が目覚める朝食できっと今日はいい日になる。
Power breakfast、さあ、召し上がれ。

Avocado toast
アボカドトースト サルサソース添え
― *p.074*

Garden salad
ガーデンサラダ
― *p.077*

パンと一緒にトーストされたたっぷり
のアボカドはバターのようなまろやか
さ。フレッシュなサルサソースととも
にフォークでつぶしながら召し上がれ。

Garden salad

ガーデンサラダ
-- p.077

見ただけで元気になれそうなガーデン
サラダは季節の葉野菜をたっぷりと。
シンプルにオイルやビネガーとあえる
だけで充分においしさが味わえる。

015

Cabbage and bacon toast
キャベツとベーコンのトースト
-- p.074

New potato salad
新じゃがいものサラダ
-- p.078

キャベツはとにかくびっくりするほど
山盛りにすること。焼き上がった後は
甘みとフレッシュさが両方味わえる。
ベーコンの香ばしさがアクセントに。

New potato salad

新じゃがいものサラダ
-- p.078

旬の新じゃがいもならではのやわらか
さとみずみずしさが魅力。サワークリ
ームとシブレットでシンプルに味つけ。

Trevis salad

トレビスのサラダ
-- p.078

トレビスとブラックベリーの目にも鮮
やかな美しい色合いのサラダには、ヘ
ーゼルナッツの香ばしさをまとわせる。

Zucchini salad
ズッキーニのサラダ
-- *p.079*

Pizza toast
ピッツァトースト
-- *p.075*

ジューシーに焼けたトマトとモッツァ
レッラチーズのミルキーな味わい。香
りのいいフレッシュバジルを添えれば、
カリカリのバゲットピッツァになる。

Spring vegetable salad

春の青い野菜サラダ
-- *p.079*

スナップえんどう、グリーンピースな
ど春の青いお豆たちのパワーを感じる
ような色鮮やかなサラダ。芽キャベツ
はさっと焼いて香ばしさをプラスして。

Zucchini salad
ズッキーニのサラダ
-- *p.079*

くるくるとリボンのようにスライスし
て生で食べるズッキーニは、独特の歯
触りを楽しんで。ピスタチオと合わせ
るのがRESTAURANT Bのスタイル。

Simple butter
自家製バター
-- *p.075*

手作りバターならではのやわらかな口
当り、そしてほのかに漂うミルクの香
りが香ばしく焼けたパンと溶け合う。
贅沢なバタートーストになる。

Simple butter toast
シンプルバタートースト
-- *p.075*

Mimosa salad
ミモザサラダ
-- *p.080*

バタートーストにミモザサラダを合わ
せて。シンプルな朝食のテーブル。

Mimosa salad

ミモザサラダ
-- *p.080*

ゆで卵をからませるだけで、レタスが
ぐっとごちそうになるサラダ。どんな
料理にも合うシンプルで飽きない味だ。

Grilled summer vegetable salad
夏の焼き野菜サラダ
-- *p.080*

夏のとうがらしは焼いて楽しんで。独
特の青い香りと甘さをスパイシーなシ
ェリービネガーでキリッと引き締める。

Red cabbage salad

紫キャベツのサラダ
-- p.081

目の覚めるような鮮やかな赤いキャベ
ツのサラダは、クミン風味のヨーグル
トソースがまろやかに味をまとめる。

Red onion salad
紫玉ねぎのサラダ
-- p.081

焼いて甘みを凝縮させた紫玉ねぎに、
ディルやフェンネルなどのハーブをた
っぷりのせた温かくて冷たいサラダ。

Cheese marinade toast
チーズマリネトースト
-- *p.076*

Mushroom salad
マッシュルームのサラダ
-- *p.082*

もしチーズが余ったらぜひおすすめし
たいのがこのチーズマリネだ。焼くこ
とでさらに複雑な香りを楽しめる。

Mushroom salad
マッシュルームのサラダ
-- *p.082*

生で食べるマッシュルームは、森のよ
うな香りやサクサクした歯触りが楽し
い。パセリの香りがアクセントになる。

Roast cauliflower salad
焼きカリフラワーのサラダ
-- *p.082*

コリコリっとした食感を残す程度に焼
き、スパイスをからませる。香りと歯
触りが楽しいカリフラワーのサラダ。

Mayonnaise toast
マヨネーズトースト
-- p.076

Garden salad
ガーデンサラダ
-- p.077

マヨネーズは自家製に限る。もし少し
の時間があったならぜひ手作りしてほ
しい。自家製マヨネーズならではのお
いしさを存分に味わえるトースト。

Apple toast
りんごのトースト
-- *p.077*

りんごをぎゅっと丸ごと楽しむトース
ト。サワークリームはたっぷりとぬっ
てりんごと溶け合う味わいを楽しもう。

Melon juice
メロンジュース
-- p.083

メロンとミントのさわやかな風味。メ
ロンの自然な甘さを損なわないように
ほのかな甘みに仕上げるのがおすすめ。

Strawberry juice
いちごのジュース
-- p.083

ごくっと一口飲めばそれだけで元気に
なれそうな程よい酸味の真っ赤ないち
ごのジュース。ミルクはお好みの量で。

Banana juice
バナナジュース
-- p.083

朝食には定番の栄養いっぱいのバナナ
ジュース。黒こしょうを合わせるとさ
らにキリッと目覚めるおいしさに。

Watermelon juice
すいかジュース
-- *p.083*

体中に水分が行き渡るようなすいかの
ジュースは暑い夏の朝にぜひ。ごくご
くと起床後の水分補給におすすめだ。

Berry juice
ベリージュース
-- *p.084*

ブルーベリー、ラズベリーなどを数種
類合わせたビタミンいっぱいのジュー
ス。強い酸味が元気をくれる。

Kiwifruit juice
キーウィフルーツジュース
-- *p.084*

さわやかな酸味のキーウィフルーツと
はちみつをミックスしたグリーンのジ
ュース。色鮮やかな作りたてを飲もう。

Orange juice
オレンジジュース
-- p.084

Grapefruit juice
グレープフルーツジュース
-- p.084

オレンジやグレープフルーツなどの柑
橘果物のジュースは朝にぴったり。し
ぼりたてのフレッシュな香りも楽しい。

POWER BREAKFAST
Weekends

ゆっくりと目覚めた週末の朝。
ブランチを食べるならワインを合わせて
ゆっくりと過ごしたい。
おなかも気持ちも大満足な休日の Power breakfast。

**Grilled ham,
honey mustard**
グリルハムの
ハニーマスタードソース
-- p.086

Garden salad
ガーデンサラダ
-- p.077

厚切りのハムははちみつを効かせたマ
スタードソースをたっぷりかけてグリ
ルして。マッシュポテトを添えればボ
リュームあふれるブランチの一皿に。

Berry sorbet
赤いフルーツのソルベ
-- p.091

シナモンをアクセントに赤ワインシロ
ップを加えたベリーのソルベは、食後
のさわやかなデザートとして。凍らせ
たフルーツがあればすぐにでき上がる。

ゆったりと過ごす休日のブランチなら、
ワインを飲みながら。自分へのご褒美
に少しだけ贅沢な時間を過ごそう。

Fruit punch

フルーツポンチ

-- p.091

シンプルなシロップに漬け込んだフル
ーツポンチは、それぞれのフルーツの
香りが混ざり合ったおいしさに。朝に
ぴったりのデザート。

Rice gratin dry curry style
ドライカレー風ライスグラタン
— *p.087*

さっくりと焼いたチーズの中にはスパ
イシーなドライカレーとバターライス。
なめらかなベシャメルソースが味をひ
とつにまとめるスペシャルなメニュー。

Eggs Benedict
エッグベネディクト
-- *p.088*

オランデーズソースはさっと軽くトー
ストしたマフィンにのせてからさらに
こんがりと焼いて。ポーチトエッグに
ナイフを入れるのが至福の瞬間。

Peach with Greek style yogurt
ヨーグルトと桃のデザート
-- p.092

ヨーグルトは充分に水きりをして、濃
厚でクリーミーな舌触りに。旬の甘い
桃と合わせるシンプルなデザート。メ
ープルシロップをお好きなだけどうぞ。

American cherry sundae
アメリカンチェリーサンデー
-- *p.092*

ローストしたヘーゼルナッツの香りと
食感をアクセントに。バニラアイスク
リームにアメリカンチェリーとメープ
ルシロップをたっぷりと添えてどうぞ。

Coffee jelly with ice cream
コーヒーゼリーのアイスクリーム添え
-- *p.092*

香り高く淹れたコーヒーで作るゼリー
は絶妙なやわらかさに。バニラアイス
クリームを添えてラム酒を。

French toast
フレンチトースト
-- p.089

さわやかなベルガモットの香りで仕上
げるアールグレーのフレンチトースト。
お好みの旬のフルーツとホイップクリ
ーム、メープルシロップを添えて。

Cottage pie
コテージパイ
-- *p.090*

マッシュポテトとひき肉を重ねたご存
じイギリスの伝統料理コテージパイ。
こんがりと焼けたチーズの風味もよく、
トーストにのせてもおいしい。

LUNCH   *Soup & Toast*

ふんわりと、湯気とともに漂う
スープの香りはそれだけで幸せな気分。
様々なトーストをスープに合わせて楽しむのが
RESTAURANT Bスタイル。

Clam chowder
with caraway seed toast
クラムチャウダーと
キャラウェーシードトースト
-- p.093

たっぷりのあさりのうまみが溶け込ん
だニューイングランド風のクリームス
ープ。キャラウェーシードが甘く香る、
香ばしいトーストがぴったり合う。

Potage bonne femme
with simple butter toast

ポタージュ・ボン・ファムと
シンプルバタートースト
-- p.094

やさしい味わいのフランスの家庭的な
野菜のポタージュ。美しい色合いの中
にはいろいろな野菜のうまみが凝縮。
自家製バターのシンプルトーストと。

Cream of potato and lemon soup
with lemon butter toast
じゃがいもとレモンのポタージュと
レモンバタートースト
-- p.095

レモンのほのかな香りが隠し味のポタ
ージュ。じゃがいもも白いんげん豆も
くずれるほどにやわらかく仕上げるの
がおいしい。レモンバタートーストと。

Cream of mushroom soup with escargot butter toast

きのこのポタージュと
エスカルゴバタートースト
-- p.097

数種類のきのこを合わせることでより
奥行きのあるうまみになるポタージュ。
ヘーゼルナッツの香ばしさがスープと
トーストのアクセントになっている。

Cream of new onion soup with peas toast

新玉ねぎのポタージュと
グリーンピーストースト
-- p.098

みずみずしい新玉ねぎのポタージュは
びっくりするほど甘くやさしい味にな
る。グリーンピーストーストとともに
春のひだまりのようなランチタイム。

**Cream of corn soup
with coriander toast**
とうもろこしのポタージュと
コリアンダートースト
— *p.099*

おなじみのとうもろこしのポタージュ
には、甘くさわやかな香りのコリアン
ダーを少しだけ加えて。コリアンダー
トーストとともに香りも楽しもう。

Cream of cauliflower soup
with paprika toast
カリフラワーのポタージュとパプリカトースト
-- *p.100*

うっとりするほどに美しくクリーミー
なカリフラワーの真っ白なポタージュ
は、冬ならではのスープ。スモーキー
なパプリカトーストがぴったりくる。

Cream of spring carrot soup with paprika toast

春にんじんのポタージュとパプリカトースト
-- *p.101*

オレンジの香りをほんのりと隠し味に
したポタージュ。オレンジの皮とにん
じんをゆっくりと蒸し煮して香りを移
す。甘く香ばしいパプリカトーストと。

Gazpacho
with cumin toast

ガスパーチョとクミントースト
-- *p.102*

夏の朝食やランチタイムに。飲むサラ
ダのようなひとさじで一気に元気にな
れそうなガスパーチョは、器もスープ
も冷たく冷やして。クミントーストと。

Pistou soup
with pain de campagne
ピストゥスープとカンパーニュ
-- *p.103*

RESTAURANT B自慢のパスタや豆、
野菜などボリュームたっぷりなピスト
ゥスープは南フランスの家庭料理。さ
わやかなバジルの風味でいただく。

Borsch with brown bread
ボルシチとライ麦のパン
-- p.104

すべての野菜のうまみと甘さが溶け込
んだウクライナ風のボルシチ。牛すね
肉のゆで汁でじっくりと煮込む。サワ
ークリームの酸味を添えてどうぞ。

RECIPE

POWER BREAKFAST *Weekdays Set*

 p.010

 p.014

Avocado toast
アボカドトースト サルサソース添え

● 材料（2人分）
パン（ブール／厚さ1cm）…4枚
アボカド…2個
オリーブ油、粗塩…各適量
サルサソース
　玉ねぎ（みじん切り）…½個分
　トマト（大／種を取って、
　4〜5mmの角切り）…1個分
　ハラペーニョの酢漬け
　（みじん切り）…大さじ1
　香菜（みじん切り）…1束分
　ライム汁…½〜1個分
　オリーブ油…大さじ2
　塩…小さじ½
ライム（くし形切り）…2切れ

● 作り方
1　サルサソースを作る。ボウルに玉ねぎ、ト
　マトを入れ、オリーブ油、ライム汁、塩
　であえ、ハラペーニョの酢漬け、香菜も
　加えて混ぜる。
2　アボカドは種を取り、5mm幅の薄切りに
　し、オリーブ油をぬったパンに並べる。オ
　リーブ油と粗塩をかけ、トースターのト
　ーストモードで、5〜8分焼く。
3　アボカドが色づき、パンがさっくりとす
　るまで焼き、サルサソースをたっぷりと
　かける。ライムを添える。

Cabbage and bacon toast
キャベツとベーコンのトースト

● 材料（2人分）
パン（山型パン）…2枚
マヨネーズ…大さじ2
キャベツ（細切り）…¼個分
オリーブ油、塩…各適量
ベーコン（厚切り）…4枚
赤ワインビネガー…少々
黒こしょう…適量

● 作り方
1　パンにマヨネーズをぬり、キャベツをた
　っぷり山盛りにのせる。
2　1に軽く塩をふり、オリーブ油を回しか
　け、トースターのチーズトーストモード
　で、キャベツがしんなりして、パンがさ
　くっとするまで焼く。
3　フライパンを熱してベーコンをカリッと
　するまで両面焼く。仕上げに赤ワインビ
　ネガーをさっと回しかけ、2の上にのせ、
　黒こしょうをふる。

p.018

Pizza toast
ピッツァトースト

● 材料（1人分）

パン（短くて細めのバゲット／
縦半分に切ったもの）…1本
トマト（小／半分に切って、薄切り）…1個分
モッツァレッラチーズ…1個
バジルの葉…8〜10枚
オリーブ油…適量
粗塩、黒こしょう…各適量

● 作り方

1　パンの切り口にオリーブ油をぬる。
2　1にモッツァレッラチーズを食べやすく
　　切って並べ、トマトを並べ、フランスパ
　　ンモードで6〜8分、その後サラマンダ
　　ーモードで、チーズに焼き目がつくまで
　　焼く。
3　バジルをのせ、オリーブ油、粗塩、黒こ
　　しょうをかける。

 p.022

Simple butter toast
シンプルバタートースト

● 材料（1人分）

パン（食パン／厚切り）…1枚
自家製バター（作りやすい分量）
　　生クリーム（乳脂肪分47％）…1カップ

● 作り方

1　生クリームをボウルに入れ、ハンドミキ
　　サーで泡立てる。ツノが立った後もさら
　　に泡立て続け、重く感じてきたら、ミキ
　　サーの速度を遅くする。分離してきても、
　　さらに泡立てる。
2　ボウルの底にミルク色の水分（バターミル
　　ク）がたまってきたら、ストレーナーにガ
　　ーゼ、またはペーパータオルを敷いてこ
　　す（バターミルクもとっておき、お菓子作
　　りなどに活用する）。
3　パンをトースターのトーストモードで3
　　分焼き、焼きたてにバターをぬる。

● 自家製バターのアレンジ

結晶塩や刻んだハーブ、レモン汁と皮をすり
おろしたものなどを混ぜて風味よく。ロース
トビーフなどの料理にもぴったり！

p.028

 p.032

Cheese marinade toast
チーズマリネトースト

● 材料（1人分）

パン（カンパーニュなど／厚切り）…2切れ
チーズマリネ（作りやすい分量）
　　　シェーブルチーズ
　　　（クロタン・ド・シャヴィニオール）
　　　…80g
　　　ブリーなどやわらかいチーズ…120g
　　　ウォッシュタイプのチーズ
　　　（マンステール。
　　　熟成が進んでいるもの）…120g
　　　にんにく（みじん切り）…1かけ分
　　　ローズマリー…1本
　　　タイム…2本
　　　オリーブ油…適量
黒こしょう…適量

● 作り方

1　チーズマリネを作る。チーズは手でざっ
　くりとちぎる。にんにくと一緒に瓶に詰
　める。ローズマリーとタイムの枝を加え
　て、チーズが隠れるまでオリーブ油を注
　いで冷蔵庫に入れ、一晩以上マリネする。
2　パンにチーズマリネをたっぷりとぬる。ト
　ースターのチーズトーストモードで5～
　6分、チーズがとけるまで焼き、黒こし
　ょうをふる。

Mayonnaise toast
マヨネーズトースト

● 材料（1人分）

パン（山型パン）…1枚
マヨネーズ（作りやすい分量）
　　　卵黄…1個分
　　　酢…大さじ1
　　　サラダ油…2¼カップ
　　　塩…小さじ½
　　　砂糖…ひとつまみ
　　　こしょう…少々
ディジョン・マスタード…小さじ2
黒こしょう…適量

● 作り方

1　マヨネーズを作る。ボウルに卵黄をとき
　ほぐし、酢を加えて混ぜ、さらに塩を加
　えて混ぜる。サラダ油を少しずつ細く垂
　らして加えながら、泡立て器で一方向に
　混ぜて乳化させる。サラダ油を½カップ
　ほど加えたら、熱湯小さじ2を加えて混
　ぜ、さらにサラダ油を少しずつ加えなが
　ら泡立て器で混ぜ、½カップほど加えた
　らさらに熱湯小さじ2を加えて混ぜる。
2　残りのサラダ油を少しずつ加えながら、さ
　らに泡立て器で混ぜて乳化させる。最後
　に砂糖、塩少々（分量外）、こしょうで味
　を調える。
3　パンにマヨネーズ、ディジョン・マスタ
　ードをぬり、トースターのトーストモー
　ドで5分ほど焼き、仕上げにサラマンダ
　ーモードで好みの焼き目がつくまで焼く。
　縦半分に切って、黒こしょうをふる。

p.034

Apple toast
りんごのトースト

● 材料（2人分）

パン（食パン）…2枚
りんご（あれば紅玉がおすすめ）…1個
サワークリーム…大さじ2
グラニュー糖…大さじ2
はちみつ…適量
くるみ（刻む）…適量

● 作り方

1　りんごは縦半分に切り、芯を取って横に
　　薄く切る。
2　パンにサワークリームをたっぷりぬり、1
　　のりんごを少しずらしながらぎっしりと
　　並べる。上からグラニュー糖をふりかけ
　　る。トースターのチーズトーストモード
　　で、全体にこんがりと色づくまで4〜6
　　分焼く。
3　焼上りに刻んだくるみとはちみつをかけ
　　る。好みで粉糖やシナモン（共に分量外）
　　をふる。

 p.012

Garden salad
ガーデンサラダ

● 材料（作りやすい分量）

ベビーリーフミックス…約2袋
あればエディブルフラワー…適量
オリーブ油…大さじ2〜3
赤ワインビネガー…小さじ1〜2
結晶塩、こしょう…各適量

● 作り方

1　ベビーリーフミックス、エディブルフラ
　　ワーは氷水に放っておく。水気をよくき
　　って、ボウルに入れる。
2　1にオリーブ油を回しかけ、結晶塩、こ
　　しょうをふってから手でざっくりとあえ、
　　赤ワインビネガーをふりかけてさらに手
　　で空気を入れるようにあえる。

p.016

New potato salad
新じゃがいものサラダ

- 材料（作りやすい分量）

新じゃがいも…6〜7個（400g）
塩…小さじ½
こしょう…少々
レモン汁…小さじ1
オリーブ油…小さじ2
サワークリーム…100g
シブレット（小口切り）…1束分

- 作り方

1 じゃがいもは皮つきのまま丸ごとゆでる
  か、蒸して、皮をむく。塩、こしょう、オ
  リーブ油、レモン汁で下味をつける。
2 サワークリームをボウルに入れ、少しや
  わらかくなるまで練り、1を加えてあえ、
  シブレットも加えてあえる。

 p.017

Trevis salad
トレビスのサラダ

- 材料（2人分）

トレビス…½個
ブラックベリー…10〜12粒
オリーブ油…大さじ2
結晶塩…適量
赤ワインビネガー…小さじ2
ヘーゼルナッツ（粗く刻む）…½カップ
黒こしょう…適量

- 作り方

1 トレビスの葉ははがして、オリーブ油と
  結晶塩、赤ワインビネガーとあえる。
2 ヘーゼルナッツ、ブラックベリーを1の
  サラダと混ぜ合わせる。器に盛って、黒
  こしょうをふる。

p.020

 p.021

Spring vegetable salad
春の青い野菜サラダ

● 材料（作りやすい分量）
プチベール…1パック（10個）
芽キャベツ…10個
グリーンピース…正味50g
スナップえんどう…8〜10本
オリーブ油…大さじ2〜3
赤ワインビネガー…小さじ2
粗塩…適量

● 作り方
1　プチベールは塩（分量外）を入れた熱湯で
　　さっとゆでる。スナップえんどうも同様
　　にゆで、縦にさく。グリーンピースも塩
　　ゆでし、粗熱が取れるまでゆで汁につけ
　　ておく。芽キャベツは縦半分に切り、フ
　　ライパンにオリーブ油適量（分量外）を熱
　　して、切り口を焼きつけて粗塩をふり、さ
　　らに転がしながら火を入れる。
2　1の野菜をボウルに入れ、オリーブ油、粗
　　塩、赤ワインビネガーの順に加えてざっ
　　くりとあえる。

Zucchini salad
ズッキーニのサラダ

● 材料（4人分）
ズッキーニ…2本
ピスタチオ…大さじ2
オリーブ油…大さじ2
塩…小さじ½
ホワイトバルサミコビネガー…小さじ2
黒こしょう…少々

● 作り方
1　ズッキーニはピーラーで長くリボン状に
　　薄切りにし、塩少々（分量外）を加えて混
　　ぜる。
2　ピスタチオは耐熱のトレーに入れ、トー
　　スターのクラシックモード170℃で5分
　　ほど焼いて、粗く刻む。
3　1のズッキーニにオリーブ油、塩、ホワ
　　イトバルサミコビネガーを順に加えてよ
　　くあえ、黒こしょうを加え混ぜる。器に
　　盛ってピスタチオを散らす。

p.024

Mimosa salad
ミモザサラダ

- 材料（4〜5人分）

レタス…1個
ゆで卵…2個
にんにく（すりおろし）…少々
玉ねぎ（細かいみじん切り）…大さじ2
フレンチドレッシング（作りやすい分量）
　　フレンチマスタード…小さじ2
　　米酢…大さじ2
　　塩…小さじ⅔
　　白こしょう…少々
　　上白糖…ひとつまみ
　　サラダ油…大さじ6
　　オリーブ油…大さじ1
パセリ（みじん切り）…適量

- 作り方

1　レタスは大きめにちぎって冷水にさらす。
　ゆで卵は白身と黄身を別々にし、それぞ
　れこしておく。
2　にんにくと玉ねぎをボウルに入れて、フ
　レンチマスタード、米酢、塩、白こしょ
　うを加えてよく混ぜる。この状態で1日
　以上ねかせるとおいしくなる。
3　2にサラダ油、オリーブ油を少しずつ加
　えて泡立て器で混ぜ合わせ、とろりとし
　たドレッシングを作り、1のゆで卵の白
　身と黄身を小さじ1ずつ加えて混ぜ、最
　後に上白糖を加えて混ぜる。
4　しっかりと水気をきったレタスを3のボ
　ウルに入れて手でよくあえ、残りのゆで
　卵の半量も加えてさらにあえる。器に盛
　りつけ、残りのゆで卵、パセリを散らす。

 p.025

Grilled summer vegetable salad
夏の焼き野菜サラダ

- 材料（2〜3人分）

ピーマン…4個
万願寺とうがらし…4本
伏見甘長とうがらし…10本
ドライトマト…20g
松の実…10g
シェリービネガー…小さじ2
オリーブ油…大さじ2
塩…適量

- 作り方

1　ピーマン、万願寺とうがらし、伏見甘長
　とうがらしをトースターのクラシックモ
　ード230℃で7〜10分焼き、大きいもの
　は縦に食べやすい大きさに切る。
2　ドライトマトは刻み、松の実、シェリー
　ビネガー、オリーブ油、塩と混ぜ合わせ、
　1とあえる。

p.026

Red cabbage salad
紫キャベツのサラダ

● 材料（4人分）
紫キャベツ…½個
赤ワインビネガー…小さじ1
オリーブ油…大さじ1
塩…適量
ヨーグルトソース
　プレーンヨーグルト…90g
　塩…小さじ⅓
　黒こしょう…少々
　クミンパウダー…小さじ¼

● 作り方
1　紫キャベツは細切りにし、さっとゆでる。水気をよくきり、温かいうちに赤ワインビネガー、オリーブ油、塩とあえる。
2　ヨーグルトソースの材料を混ぜ合わせ、1のサラダにかける。

 p.027

Red onion salad
紫玉ねぎのサラダ

● 材料（2人分）
紫玉ねぎ…1個
オリーブ油…小さじ2
塩…少々
シェリービネガー…適量
フェンネル、ディル、チャービルなどのハーブ…各適量
結晶塩…適量
ヘーゼルナッツ…小さじ1

● 作り方
1　紫玉ねぎは皮をむいて横半分に切り、切り口を上にしてすわりがいいようにそれぞれ底を少し切る。耐熱のトレーにのせ、オリーブ油小さじ1、塩をふりかけ、トースターのクラシックモード230℃で、15分焼く。
2　熱いうちに器に盛り、オリーブ油小さじ1、シェリービネガー、結晶塩をかけ、上にハーブの葉をつまんでのせる。結晶塩をふりかけ、粗くくだいたヘーゼルナッツをのせる。

p.030

 p.031

Mushroom salad
マッシュルームのサラダ

● 材料（4人分）

マッシュルーム…10個
赤ワインビネガー…大さじ1
オリーブ油…大さじ3
粗塩…小さじ½
黒こしょう…少々
パセリ（みじん切り）…大さじ1
レモンの皮（細切り）…適量
パルミジャーノ・レッジャーノ（おろす）
…適量

● 作り方

1 マッシュルームは汚れがあればはけなど
  で落とし、2〜3㎜幅の薄切りにする。
2 1にオリーブ油を回しかけ、粗塩、黒こ
  しょうをかけてあえる。
3 器に盛りつけてパセリ、レモンの皮、パ
  ルミジャーノ・レッジャーノをかける。

Roast cauliflower salad
焼きカリフラワーのサラダ

● 材料（4人分）

カリフラワー…1株
オリーブ油…大さじ2
ターメリックパウダー…小さじ¼
クミンパウダー…小さじ½
にんにく（すりおろし）…少々
レモン汁…小さじ1〜2

● 作り方

1 カリフラワーは小房に切り分け、耐熱の
  トレーにのせてトースターのクラシック
  モード200℃で、10〜15分焼く。
2 ボウルに残りの材料を混ぜ合わせ、1の
  カリフラワーを入れてあえる。

p.035

Strawberry juice
いちごのジュース

● 材料（2人分）

いちご…140g
上白糖…大さじ2～3
牛乳…小さじ1～2

● 作り方

1　ミキサーに材料と氷100g、水50㎖を入れ、攪拌する。

 p.035

Banana juice
バナナジュース

● 材料（2人分）

バナナ…2本
メープルシロップ…大さじ1～2
牛乳…200㎖
黒こしょう（粒／つぶす）…適量

● 作り方

1　ミキサーに黒こしょう以外の材料と氷80gを入れ、攪拌する。グラスに注ぎ、黒こしょうを添える。

 p.035

Melon juice
メロンジュース

● 材料（2人分）

メロン…正味250g
ミント…適量
メープルシロップ
（またはガムシロップ。作り方84ページ参照）
…大さじ2～3

● 作り方

1　ミキサーに材料と氷80～90gを入れ、攪拌する。

 p.036

Watermelon juice
すいかジュース

● 材料（2～3人分）

すいか…正味500g
ガムシロップ（作り方84ページ参照）
…大さじ2

● 作り方

1　ミキサーに材料と氷80～100gを入れ、攪拌する。

p.036

Berry juice
ベリージュース

● 材料（2人分）
ブルーベリー、ブラックベリー、
ラズベリー…合わせて80g
はちみつ…大さじ2

● 作り方
1　ミキサーに材料と氷60g、水60mℓを入れ、撹拌する。

p.036

Kiwifruit juice
キーウィフルーツジュース

● 材料（2人分）
キーウィフルーツ…2個
レモン汁…小さじ1
はちみつ…大さじ2〜3

● 作り方
1　ミキサーに材料と氷100g、水100mℓを入れ、撹拌する。

p.037

Orange juice
オレンジジュース

● 材料（2人分）
オレンジ…4個
タイム…適量

● 作り方
1　オレンジはよく冷やしておく。ジューサーでしぼり、グラスに注ぎ、タイムを添える。

Grapefruit juice
グレープフルーツジュース

● 材料（2人分）
グレープフルーツ…1個
ローズマリー…適量

● 作り方
1　グレープフルーツはよく冷やしておく。ジューサーでしぼり、グラスに注ぎ、ローズマリーを添える。

● ガムシロップの作り方（作りやすい分量）

鍋に水1カップ、グラニュー糖150g（砂糖の場合も150g）を混ぜ合わせて熱し、グラニュー糖が溶けたら容器に移して、冷めたら冷蔵庫で保存する。

POWER BREAKFAST   *Weekends Set*

 p.040

Grilled ham, honey mustard
グリルハムのハニーマスタードソース

● 材料（2人分）

ハム（大判の厚切り）…2枚
ハニーマスタードソース
    ディジョン・マスタード…大さじ2
    カイエンペッパー…少々
    はちみつ…大さじ1
マッシュポテト（作りやすい分量）
    じゃがいも（メークイン）…3個
    バター…30g
    牛乳…½カップ
    生クリーム…¼カップ
    塩…少々
こしょう…少々

● 作り方

1 ハニーマスタードソースの材料を混ぜ合わせる。

2 マッシュポテトを作る。じゃがいもは皮つきのまま丸ごとゆでるか、蒸して、皮をむいてマッシャーでつぶし裏ごしする。バターと牛乳、生クリームを加えてなめらかになるまで混ぜる。軽く塩をして調える。

3 フライパンを中火で熱し、ハムを両面こんがりと焼いて、ハニーマスタードソースをぬる。耐熱のトレーにのせ、トースターのクラシックモード200℃で5分焼き、サラマンダーモードで3分ほど焼いて仕上げ、こしょうをふる。マッシュポテト、ガーデンサラダ（作り方77ページ参照）を添えて。

p.045

Rice gratin dry curry style
ドライカレー風ライスグラタン

●材料（3〜4人分）

バターライス
　米（といでざるに上げておく）…2合
　玉ねぎ（みじん切り）…1/6個分
　バター…30g
　水（またはブイヨン）…1½カップ
　塩…適量
トマト（薄切り）…2〜3枚
エダムチーズ、
パルミジャーノ・レッジャーノなど（おろす）
…各適量
ゆで卵（3〜4mm幅の輪切りにする）…2個分
ドライカレー
　合いびき肉…300g
　玉ねぎ（みじん切り）…1個分
　にんにく、しょうが（共にみじん切り）
　…各1かけ分
　サラダ油…大さじ2
　カレー粉…大さじ3
　強力粉…小さじ2
　トマトケチャップ…大さじ5
　塩、砂糖…各小さじ1
　クミンパウダー…小さじ½
　シナモンパウダー…小さじ½
ベシャメルソース
　バター…60g
　薄力粉…60g
　牛乳…2カップ
　ブイヨン…1カップ
　ローリエ…1〜2枚
　塩…小さじ1
　白こしょう…少々

●作り方

1　ベシャメルソースを作る。鍋に牛乳、ブイヨン、ローリエを入れて熱し、沸騰直前まで温めて火を止める。ふたをして20分おき、ゆっくりと香りを移す。

2　別の鍋にバターを熱し、ふるった薄力粉を一気に加え、中火でいためる。バターとなじんでしっかりといたまったら1を少し加えてなじませる。少しずつ加えてはなめらかになるまで混ぜることを繰り返し、1をすべて加える。塩、白こしょうで調味する。

3　ドライカレーを作る。鍋にサラダ油を熱し、にんにく、しょうが、玉ねぎをいためる。しんなりしたらひき肉を加えていため、色が変わったら、カレー粉、クミンパウダー、シナモンパウダーを加え、さらに強力粉、トマトケチャップ、水½カップを加える。塩、砂糖で味を調え、5〜8分煮つめる。バットなどに広げて冷ましておく。

4　バターライスを作る。鍋にバターを熱し、玉ねぎをしんなりするまでいため、米を加えていためる。水、塩を加えてふたをして強火にし、沸騰したら弱火にして10分煮て、火を止めて10分蒸らす。

5　耐熱皿に4を入れて平らにし、トマトをのせる。3のドライカレー、2のベシャメルソースをかけて、ゆで卵を並べ、チーズをかける。トースターのクラシックモード230℃で10分焼き、サラマンダーモードで2〜3分焼いて好みの焼き目をつけて仕上げる。

p.046

Eggs Benedict
エッグベネディクト

● 材料（2人分）

パン（イングリッシュマフィン）…1個
バター…適量
卵…2個
ベーコン（厚切り）…2枚
酢…適量
オランデーズソース
　　卵黄…2個分
　　バター（とかす）…70g
　　レモン汁…小さじ1
　　塩…少々
　　黒こしょう…少々

● 作り方

1　オランデーズソースを作る。卵黄に水大さじ1を加えて、湯煎にかけながら泡立て器で泡立てる。もったりとしてきたら、バターを少しずつ加えながら混ぜ、塩、黒こしょう、レモン汁を加えて混ぜる。

2　フライパンを熱し、ベーコンを両面焼く。

3　ポーチトエッグを作る。鍋に湯適量を沸かし、酢を入れる。箸などで湯をぐるりと回し、そこに器に割り入れた卵1個をそっと入れる。そのまま弱火で2分ほど加熱し、白身が固まってきたら網じゃくしなどで卵をすくい、水気をきる。残りの卵も同様に作る。

4　パンは横半分に切り、トースターのトーストモードで3分焼いて、切り口にバターをぬる。

5　トレーに4のパンのバターをぬった面を上にしてのせ、2のベーコン、3のポーチトエッグをのせる。1のオランデーズソースをたっぷりとかけ、トースターのサラマンダーモードで1～2分焼き、好みの焼き目に仕上げる。

6　器に盛って黒こしょうをふり、もう1枚のパンを添える。

p.049

French toast
フレンチトースト

● 材料（2人分）

パン（山型パン／厚さ2cm）…2枚
アールグレーの茶葉…大さじ2（8g）
牛乳…1½カップ
バター…適量
ホイップクリーム…適量
メープルシロップ…適量
粉糖…適量
卵液
　　卵…2個
　　グラニュー糖…60g
いちごのマリネ
　　いちご（縦半分に切る）…8〜10粒分
　　グラニュー糖…大さじ2
　　ライム汁…½個分
　　ローズウォーター…適量
　　キルシュ…適量

● 作り方

1　アールグレーの茶葉を½カップの熱湯に
　　入れて2〜3分蒸らし、茶こしでこして、
　　牛乳に加える（牛乳と合わせた液体の量は
　　1½カップまでとする）。
2　ボウルに卵を割りほぐし、グラニュー糖
　　を加えてよく混ぜ、1を少しずつ加えて
　　混ぜる。
3　パンは耳を落としてバットなどに並べ、2
　　を回しかけ、冷蔵庫に一晩おき、しっか
　　り浸す。
4　いちごのマリネを作る。材料をすべて混
　　ぜ合わせる。
5　フライパンにバターを熱し、3のパンの
　　両面をさっと軽く焼く。耐熱のトレーに
　　のせて、トースターのクラシックモード
　　200℃で6〜8分焼く。
6　器にのせ、いちごのマリネとホイップク
　　リームをのせ、メープルシロップをかけ
　　て粉糖をふる。

p.050

Cottage pie
コテージパイ

● 材料（4人分）

牛ひき肉…300g
玉ねぎ（みじん切り）…½個分
にんじん（みじん切り）…⅓本分
にんにく（みじん切り）…1かけ分
塩、こしょう…各適量
小麦粉…大さじ1
シナモンパウダー、ナツメッグパウダー
…各少々
タイム（刻む）…2〜3本分
水（またはブイヨン）…½カップ
トマトピューレー…大さじ2
ウスターソース…小さじ1
オリーブ油…大さじ2
じゃがいも…2〜3個
バター…30g
牛乳…¼カップ
チェダーチーズ（おろす）…50g

● 作り方

1 鍋にオリーブ油を熱し、玉ねぎ、にんにくを加えていため、しんなりしたらにんじんを加えて、さらにしっとりするまでいためる。

2 牛ひき肉を加え、全体に色が変わるまでいためたら、塩、こしょうをして小麦粉、スパイス類、タイムを加えていためる。水を加え水分が少なくなるまで10分ほど煮て、トマトピューレーとウスターソースを加えて混ぜる。

3 じゃがいもは皮つきのまま丸ごとゆでるか、蒸して、皮をむいてマッシャーでつぶす。温かいうちにバターと牛乳を加えてなめらかになるまで混ぜる。塩で薄味に調える。

4 耐熱皿にバター（分量外）をぬり、2を流し入れ、上に3をのせる。表面を平らにのばし、チェダーチーズをのせる。

5 トースターのクラシックモード230℃で7〜8分焼き、サラマンダーモードで2〜3分焼く。

● ブイヨンのとり方

鍋に鶏ガラ2羽分、くず野菜（玉ねぎ、セロリ、にんじんなど）各適量、水3ℓを入れて火にかけ、沸騰したら弱火にして約1時間、⅔くらいの水分量になるまで煮る。ペーパータオルを敷いたざるなどでこす。これで約2ℓのブイヨンがとれる。忙しい時は顆粒状になった市販品も手軽。

p.041

Berry sorbet
赤いフルーツのソルベ

●材料（4〜5人分）

冷凍ベリー（フランボワーズ、いちご、
ブルーベリーなど合わせて）…500g
フランボワーズ（生）…適量
レモン汁…少々
プレーンヨーグルト…½カップ〜
赤ワインシロップ
　　グラニュー糖…100g
　　赤ワイン…160㎖
　　シナモンスティック…½本

●作り方

1　赤ワインシロップを作る。小鍋に赤ワインとグラニュー糖、シナモンスティックを入れて熱し、沸騰して砂糖が溶けたら火を止めて、冷ます。
2　フードプロセッサーに冷凍ベリーとレモン汁を入れ、1のシロップを少しずつ加えながら攪拌する。
3　さらになめらかな状態になるまでヨーグルトを少しずつ加え、好みのやわらかさに仕上げる。バットに移し、冷凍庫で30分ほど冷やす。
4　器に盛りつけ、フランボワーズを添える。

p.044

Fruit punch
フルーツポンチ

●材料（作りやすい分量）

夏の果物
（好みでパイナップル、青肉と赤肉のメロン、
グレープフルーツ、バナナ、すいか、
アメリカンチェリーなど）…各適量
シロップ
　　グラニュー糖…100g
　　好みでレモン汁、
　　好みのリキュール…各少々

●作り方

1　メロンは果物専用のくりぬきスプーンなどで丸くくりぬく。バナナは1cm幅の輪切り。グレープフルーツは薄皮をむき果肉を取り出す。すいか、パイナップルは食べやすい大きさに切る。
2　小鍋にシロップの材料と水1½カップを混ぜ合わせて、一度煮立ててから冷やす。
3　ボウルに1の果物とアメリカンチェリー、2のシロップを入れ、冷蔵庫で1時間ほど冷やす。

p.047

Peach with Greek style yogurt
ヨーグルトと桃のデザート

• 材料（3〜4人分）
プレーンヨーグルト … 400g
白桃（食べやすい大きさに切る）… 1個分
メープルシロップ … 大さじ2〜3
ミント … 適量

• 作り方
1　ボウルにざるをのせ、ペーパータオルを
　　重ねてヨーグルトを入れ、1時間以上冷
　　蔵庫に入れてしっかりと水気をきる。
2　器に1のヨーグルト、メープルシロップ、
　　白桃を盛りつけ、ミントを添える。

p.048

American cherry sundae
アメリカンチェリーサンデー

• 材料（1人分）
アメリカンチェリー
（半分に切って、種を取る）… 4〜5個分
メープルシロップ … 大さじ1
バニラアイスクリーム … 適量
ヘーゼルナッツ（ローストして、刻む）… 適量

• 作り方
1　アメリカンチェリーはメープルシロップ
　　であえる。
2　バニラアイスクリームと一緒に器に盛り
　　つけ、ヘーゼルナッツを散らす。

p.048

Coffee jelly with ice cream
コーヒーゼリーのアイスクリーム添え

• 材料（2〜3人分）
コーヒー豆（またはひいたもの）… 20g
板ゼラチン … 7g
バニラアイスクリーム … 適量
メープルシロップ、ラム酒 … 各適量

• 作り方
1　コーヒー豆をひいて、1½カップ分のコー
　　ヒーを抽出する。鍋に入れて熱し、火
　　を止めてからゼラチンを加え溶かす。
2　粗熱が取れたら、グラスなどに流して冷
　　蔵庫で冷やし固める。バニラアイスクリ
　　ームをのせ、メープルシロップをかけて
　　ラム酒を垂らす。

LUNCH *Soup & Toast*

p.054

Clam chowder
with caraway seed toast
クラムチャウダーと
キャラウェーシードトースト

クラムチャウダー

●材料（4人分）
あさり（砂抜きする）…500g
長ねぎ（小口切り）…½本分
玉ねぎ（1cmの角切り）…½個分
セロリ（1cmの角切り）…½本分
じゃがいも（1cmの角切り）…2個分
ベーコン（1cmの角切り）…70g
牛乳…¾カップ　　小麦粉…大さじ3
生クリーム…¼カップ　塩…小さじ⅔
バター…20g　　　こしょう…適量

●作り方
1　あさりは水1カップとともに鍋に入れ、ふ
　　たをして火にかけ、口が開くまで蒸し煮
　　する。蒸し汁と貝を分け、殻から身を取
　　り出す。
2　鍋にバターを熱し、ベーコンを入れてい
　　ため、脂が出てきたら、野菜類を加えて
　　じっくりといためる。1のあさりの蒸し
　　汁を80㎖加えて、ふたをして弱火で10
　　分ほど蒸し煮する。小麦粉を加えてなじ
　　むまでいためる。
3　2に1の残りのあさりの蒸し汁を少しず
　　つ加えて混ぜ、水2カップも加えてじゃ
　　がいもが完全にやわらかくなるまで10分
　　ほど煮る。
4　3に牛乳を加え、味をみて塩、こしょう
　　で調える。1のあさりの身を加えて、生
　　クリームを加えたら一煮立ちさせて火を
　　止める。

キャラウェーシードトースト

●材料（1人分）
パン（ライ麦食パン／12枚切り）…2枚
バター…適量
キャラウェーシード…適量
結晶塩…適量

●作り方
1　バターにキャラウェーシードを混ぜ、耳
　　を切ってから半分に切ったパンにぬり、ト
　　ースターのトーストモードで5分、焼く。
　　結晶塩をふり、温かいクラムチャウダー
　　に添えて。

p.055

Potage bonne femme
with simple butter toast
ポタージュ・ボン・ファムと
シンプルバタートースト

ポタージュ・ボン・ファム

●材料（4人分）

玉ねぎ（薄切り）…½個分
にんじん（半月の薄切り）…1本分
セロリ（薄切り）…1本分
じゃがいも（小／いちょう切り）…2個分
バター…120g
牛乳…¾カップ
塩…適量

●作り方

1　鍋にバターを入れ熱してとかし、玉ねぎ
　をしんなりとするまでいためる。にんじ
　ん、セロリ、じゃがいもを加え、全体に
　しっとりするまでいためる。
2　水¼カップを加え、ふたをしてごく弱火
　で10〜15分蒸し煮する。
3　2に水¾カップを加え、さらに5〜6分
　煮る。粗熱が取れたら、煮汁ごとミキサ
　ーで攪拌し、鍋に戻す。
4　3に牛乳を混ぜ合わせ、最後に味をみて
　塩で調える。

シンプルバタートースト

●材料（1人分）

パン（食パン／厚さ1.5㎝）…1枚
自家製バター（作り方75ページ参照）…適量

●作り方

1　パンをトースターのトーストモードで3
　分焼き、焼きたてにバターをのせる。

p.056

Cream of potato and lemon soup with lemon butter toast

じゃがいもとレモンのポタージュと
レモンバタートースト

じゃがいもとレモンのポタージュ

- 材料（2〜3人分）

じゃがいも（3cmの角切り）…2個分
玉ねぎ（薄切り）…½個分
にんにく（小／つぶす）…1かけ
オリーブ油…大さじ3
レモンの輪切り…1〜2枚
ミント…1〜2枝
白いんげん豆（水煮）…200g
塩…適量
レモン汁…適量
パルミジャーノ・レッジャーノ…適量
レモンの皮（すりおろし）…適量

- 作り方

1　鍋にオリーブ油とにんにくを入れて熱し、にんにくから香りが出てきたら、玉ねぎを加えてゆっくりといためる。じゃがいもを加え、さらによくいためる。水½カップとレモンの輪切り、ミントを加え、ふたをして弱火で15分ほど蒸し煮する。

2　1に水2カップ、白いんげん豆を加えふたをして10分煮る。味をみて塩とレモン汁で調える。器に盛りつけ、パルミジャーノ・レッジャーノをおろして散らし、好みでオリーブ油（分量外）を回しかけ、レモンの皮を散らす。

レモンバタートースト

- 材料（1人分）

パン（バゲット）…2切れ
バター…30g
レモン汁…小さじ1
レモンの皮（すりおろし）…½個分

- 作り方

1　バターにレモン汁、レモンの皮を加えて混ぜる。パンをトースターのトーストモードで5分焼き、レモンバターをのせる。

p.057

Cream of mushroom soup
with escargot butter toast

きのこのポタージュと
エスカルゴバタートースト

きのこのポタージュ

●材料（2〜3人分）
玉ねぎ（薄切り）…½個分
マッシュルーム（薄切り）…160g（約8個分）
生しいたけ（薄切り）…6枚分
バター…20g
白ワイン…大さじ2
レモン汁…小さじ1
牛乳…1カップ
塩…適量
ヘーゼルナッツ…10g
レモンの皮（細切り）…適量

●作り方
1　鍋にバターを熱し、玉ねぎを入れてしっとりするまでいためる。きのこ類を加えていため、水分が出てきたら白ワインを加えて煮つめる。
2　1に水¼カップを加えて弱火にし、ふたをして10分蒸し煮する。
3　ミキサーに2を入れ、水1カップを加え、なめらかになるまで攪拌して鍋に戻す。
4　3に水¾カップ、牛乳を加えて温め、レモン汁、塩で調味する。
5　ヘーゼルナッツはトースターのクラシックモード200℃で10分焼いてから、粗く刻み、レモンの皮とともに4のポタージュに添える。

エスカルゴバタートースト

●材料（2人分）
パン（細いバゲット）…½本
パセリバター
　　パセリ（みじん切り）…大さじ2
　　にんにく（みじん切り）…⅓かけ分
　　バター…50g

●作り方
1　パンは縦半分に切る。パセリバターの材料を混ぜ合わせ、パンにぬって、トースターのトーストモードで5分、こんがりと焼く。

p.058

Cream of new onion soup with peas toast

新玉ねぎのポタージュと
グリーンピーストースト

新玉ねぎのポタージュ

● 材料（2〜3人分）

新玉ねぎ（薄切り）…2個分
バター…50g
塩…適量
牛乳…1/2カップ

● 作り方

1　鍋にバターと玉ねぎを入れて熱し、軽く塩をふり水分を出しながらいためる。水分が足りなかったら水を1/4カップほど加えてから、ふたをし、弱火で15分蒸し煮する。

2　1をミキサーにかけ、しっかりとなめらかになるまで攪拌する。鍋に戻し、水3/4カップ、牛乳を加えて火にかけて温め、味をみて塩で調える。

グリーンピーストースト

● 材料（2〜3人分）

パン（バゲット）…適量
ベーコン（1cmの角切り）…60g
グリーンピース（生）…100g
バター…30g
塩…適量
オリーブ油…適量

● 作り方

1　ベーコンはフライパンに入れて熱し、カリカリになるまでいためる。

2　グリーンピースはさやから取り出し、鍋にバターと少量の水、塩とともに入れ、蒸し煮する。やわらかくなったらボウルに取り出して、へらなどで軽くつぶし、味をみて塩で調える。

3　パンはオリーブ油をさっとぬって、トースターのトーストモードで5分、カリッと焼く。

4　3のトーストにバター（分量外）と2のピューレーをたっぷりとのせ、1のベーコンものせる。

·p.060

Cream of corn soup with coriander toast
とうもろこしのポタージュと
コリアンダートースト

とうもろこしのポタージュ

• 材料（4人分）

とうもろこし…3本
玉ねぎ（薄切り）…½個分
バター…30g
水（またはブイヨン）…3カップ
牛乳…1カップ
コリアンダーシード…小さじ1
塩…小さじ1

• 作り方

1　とうもろこしは長さを2等分に切って、実を包丁で切り落とし、芯も残す。
2　鍋にバターを入れて熱し、軽くつぶしたコリアンダーシードを入れ、香りが出てきたら玉ねぎを加えいためる。しんなりしたらとうもろこしの実と芯を加えて、水2カップも加えて弱めの中火で20分煮る。
3　とうもろこしの芯を取り除き、ミキサーにかけて攪拌する。
4　鍋に戻して熱し、残りの水、牛乳を加え、味をみて塩で調える。

コリアンダートースト

• 材料（1人分）

パン（コーンブレッド／厚さ1.5cm）…2枚
コリアンダー（ホール）…小さじ⅓
バター…30g

• 作り方

1　コリアンダーをつぶしてバターに混ぜ、パンにぬる。トースターのトーストモードで5〜6分、焼く。

p.062

Cream of cauliflower soup with paprika toast

カリフラワーのポタージュと
パプリカトースト

カリフラワーのポタージュ

●材料（4人分）

カリフラワー（小房に切る）…1個分
水（またはブイヨン）…1½カップ
バター…40g
牛乳…1½カップ
生クリーム…大さじ1
塩…小さじ⅔
チョリソー（薄い輪切り）…2本分
パプリカパウダー…適量

●作り方

1　鍋にカリフラワーと水、バターを入れてふたをして熱し、ふつふつとしてきたらごく弱火にし、焦がさないようにやわらかくなるまで蒸し煮する。
2　1を煮汁ごとミキサーにかけ、ピューレ一状になるまで攪拌し、鍋に戻す。
3　2に牛乳、生クリームを加え、火にかけ、味をみて塩で調える。
4　チョリソーはフライパンでいためてカリカリにする。ペーパータオルなどにとって脂をきる。
5　スープ皿に4をのせ、3のあつあつのポタージュを注ぎ、パプリカパウダーをふる。

パプリカトースト

●材料（4人分）

パン（ブール／厚切り）…4切れ
パプリカパウダー…適量
オリーブ油…適量

●作り方

1　パンにオリーブ油をたっぷりとぬり、パプリカパウダーをふる。トースターのトーストモードで5分、焼く。仕上げにサラマンダーモードでこんがり焼き目をつける。

p.063

Cream of spring carrot soup with paprika toast
春にんじんのポタージュと
パプリカトースト

春にんじんのポタージュ

●材料（2人分）

春にんじん（薄切り）…2本分
玉ねぎ（薄切り）…¼個分
水（またはブイヨン）…½カップ
オレンジの皮…½個分
バター…30g
牛乳…¾カップ
塩…適量

●作り方

1　鍋ににんじん、玉ねぎ、バターを入れ、水をひたひたより少なめに加え、塩ふたつまみ、オレンジの皮を加えて中火にかける。沸騰したらふたをして弱火にし、15〜20分蒸し煮する。

2　にんじんがやわらかくなったら火を止め、オレンジの皮を取り出して、粗熱を取る。ミキサーにかけてなめらかになるまで撹拌し、鍋に戻す。

3　牛乳を加えて、塩で調味する。器に盛りつけて、あればにんじんの葉の素揚げを砕いたものやオレンジの皮のすりおろしを散らして、添えて。

パプリカトースト

●材料（2人分）

パン（ブール／厚さ2cm）…4切れ
パプリカパウダー…適量
オリーブ油…適量

●作り方

100ページ参照。

p.o64

Gazpacho with cumin toast
ガスパーチョとクミントースト

ガスパーチョ

●材料（4人分）
赤パプリカ…2個
トマト…2個
ミニトマト…適量
オリーブ油…大さじ6
塩…小さじ1
赤ワインビネガー…小さじ1～2
バゲット…8cm
セロリ（細かい角切り）…¼本分
きゅうり（細かい角切り）…¼本分
レモン汁…少々

●作り方
1　赤パプリカはへたを取って丸ごとトースターのクラシックモード230℃で真っ黒に皮が焦げるまで焼く。少し蒸らしてから皮をむいて種を取り、手でさいておく。トマトとミニトマトはへたを取る。
2　バゲットは1cm厚さに切り、水適量で湿らし、水気を絞る。
3　ミキサーに、1のパプリカとトマト、ミニトマト、2のバゲット、オリーブ油の半量と水½カップを入れて攪拌する。
4　3にさらに水½カップ、残りのオリーブ油を加えて攪拌し、味をみて、塩、赤ワインビネガーで調える。冷蔵庫に入れ、冷やしておく。
5　セロリときゅうりは、塩少々、オリーブ油大さじ2（共に分量外）、レモン汁であえる。器に注いだ4のスープにのせる。

クミントースト

●材料（1人分）
パン（細いバゲット）…½本
オリーブ油…適量
クミンパウダー…適量

●作り方
1　パンを縦半分に切り、オリーブ油をたっぷりとぬってクミンパウダーをふる。トースターのトーストモードで5分、焼く。

p.066

Pistou soup
with pain de campagne
ビストゥスープとカンパーニュ

ビストゥスープ

●材料（4〜5人分）
ベーコン（塊）…200g
長ねぎ（1㎝の角切り）…1本分
にんにく（つぶす）…1かけ
ズッキーニ（2㎝の角切り）…1本分
じゃがいも（2㎝の角切り）…1個分
モロッコいんげん（1〜2㎝幅に切る）…5本分
セロリ（1㎝の角切り）…1本分
白いんげん豆（水煮）…150g
赤いんげん豆（水煮）…150g
オリーブ油…大さじ4
ショートパスタ（フリッジなど）…70g
塩…適量
タイム…1枝
ビストゥ（材料をすべて
フードプロセッサーに入れ攪拌する）
　　バジルの葉…20枚
　　塩…ふたつまみ
　　卵黄…1〜2個分
　　トマト（小）…2個
　　オリーブ油…¾カップ
　　パルミジャーノ・レッジャーノ…60g
パルミジャーノ・レッジャーノ…適量

●作り方
1　鍋にベーコンと水3カップを入れて火にかけ、40分ほど煮てだしをとる。途中水が少なくなったら足す（圧力鍋の場合は10分加圧後、自然放置）。ベーコンは取り出して1㎝の角切りにする。
2　別の鍋にオリーブ油を熱し、にんにく、長ねぎを入れていためる。長ねぎがしんなりしたら、他の野菜を入れていためる。
3　2に1のベーコンのだしを¼カップ加えたら、ふたをして10分弱火で蒸し煮する。
4　残りのベーコンのだしと1のベーコン、いんげん豆、タイムを加え中火にし、沸騰したら弱火にして野菜がやわらかくなるまでふたをして約10分煮る。味をみて、塩で調える。かためにゆでたパスタを加える。
5　器にビストゥを注いでから、あつあつの4のスープを注ぐ。パルミジャーノ・レッジャーノをおろしてかける。

カンパーニュ

●材料（4人分）
パン（カンパーニュ／厚切り）…4切れ
オリーブ油…適量

●作り方
1　パンにオリーブ油をたっぷりとぬり、トースターのトーストモードで6〜7分、焼く。

p.070

Borsch with brown bread
ボルシチとライ麦のパン

ボルシチ

●材料（5〜6人分）
牛すね肉…700g〜1kg
にんにく（大／みじん切り）…1かけ分
玉ねぎ（薄切り）…1個分
にんじん（せん切り）…1本分
セロリ（斜め薄切り）…1本分
キャベツ（せん切り）…4枚分
ビーツ（せん切り）…2〜3個分
トマト（大／皮を湯むきして、
種を除きざく切り）…1個分（または中2個分）
バター…50g
塩…適量
サワークリーム、ディル…各適量

●作り方
1 鍋に牛肉と水2.4ℓを入れ強火にかける。沸騰してあくが出てきたら取り除きながら、弱火で1時間半〜2時間ゆでて（途中水が少なくなったら足す）、牛肉がやわらかくなったら取り出す（圧力鍋の場合は20分加圧後、自然放置）。
2 別の鍋にバターを熱し、にんにくを加えて香りを出す。玉ねぎ、にんじん、セロリ、キャベツを加え、塩をふって味をみながらしっとりするまでいためる。
3 全体にしんなりしたら、ビーツとトマトを加えていため合わせる。ビーツの色が全体になじんだら、ふたをして15分ほど弱火で蒸し煮する（水分があまりないようなら1の牛肉のゆで汁少々を加える）。1のゆで汁をすべて加え、再びふたをして40〜60分弱火で静かに沸騰を続ける。
4 1の牛肉を大きめにほぐし、3に加える。さらに10分ほど煮て、塩で味を調える。
5 器に盛りつけて、サワークリームとディルを添える。

ライ麦のパン

●作り方
1 薄切りにしたライ麦パン1枚をトースターのトーストモードで6〜7分、焼く。

LUNCH *Sandwich*

サンドイッチも RESTAURANT B 自慢のメニュー。
メイン料理としてのお肉のサンドイッチから、
とびきりおいしい野菜のサンドイッチまで。

**Cheese burger
with French fries**
チーズバーグとフライドポテト
-- p.130

Garden salad
ガーデンサラダ
-- p.077

とろりと焼けたチェダーチーズとハン
バーグにソースをからめて。食感よく
焼いたトーストに、添えたサラダも一
緒に挟んでさわやかなアクセントに。

サンドイッチとともに楽しみたい人気
メニューがフライドポテトだ。皮ごと
揚げるとサクサクの食感に。ローズマ
リーの香りがさわやかに香る自慢の味。

Toasted cress sandwich
クレソンのホットサンドイッチ
-- *p.131*

クレソンのサラダだけをガーリックト
ーストに挟んだサンドイッチ。こんが
りと焼いた温かいトーストと冷たいサ
ラダ。この温度差もごちそうになる。

Toasted sandwich
with egg tartar sauce and pickles
ピクルスいっぱいのタルタルサンド
-- *p.132*

サンドイッチの定番、卵のタルタルサ
ンド。ピクルスを驚くほどたくさん入
れるのがこつ。キャラウェーシード入
りライ麦パンで白黒のコントラストに。

Croque monsieur

クロックムッシュー
-- p.132

ベシャメルソースとハム、チーズを合
わせたフランスではおなじみのカフェ
メニュー。チーズはナッツのような香
ばしい香りのグリュイエールチーズ。

Cabbage pickles and corned beef sandwich

キャベツとコーンビーフのホットサンド
-- p.133

甘酢漬けのキャベツを挟んでトースト
したらハンドプレスで仕上げ。焼くこ
とでキャベツの食感とコーンビーフや
チーズのうまみ、すべてがひとつに。

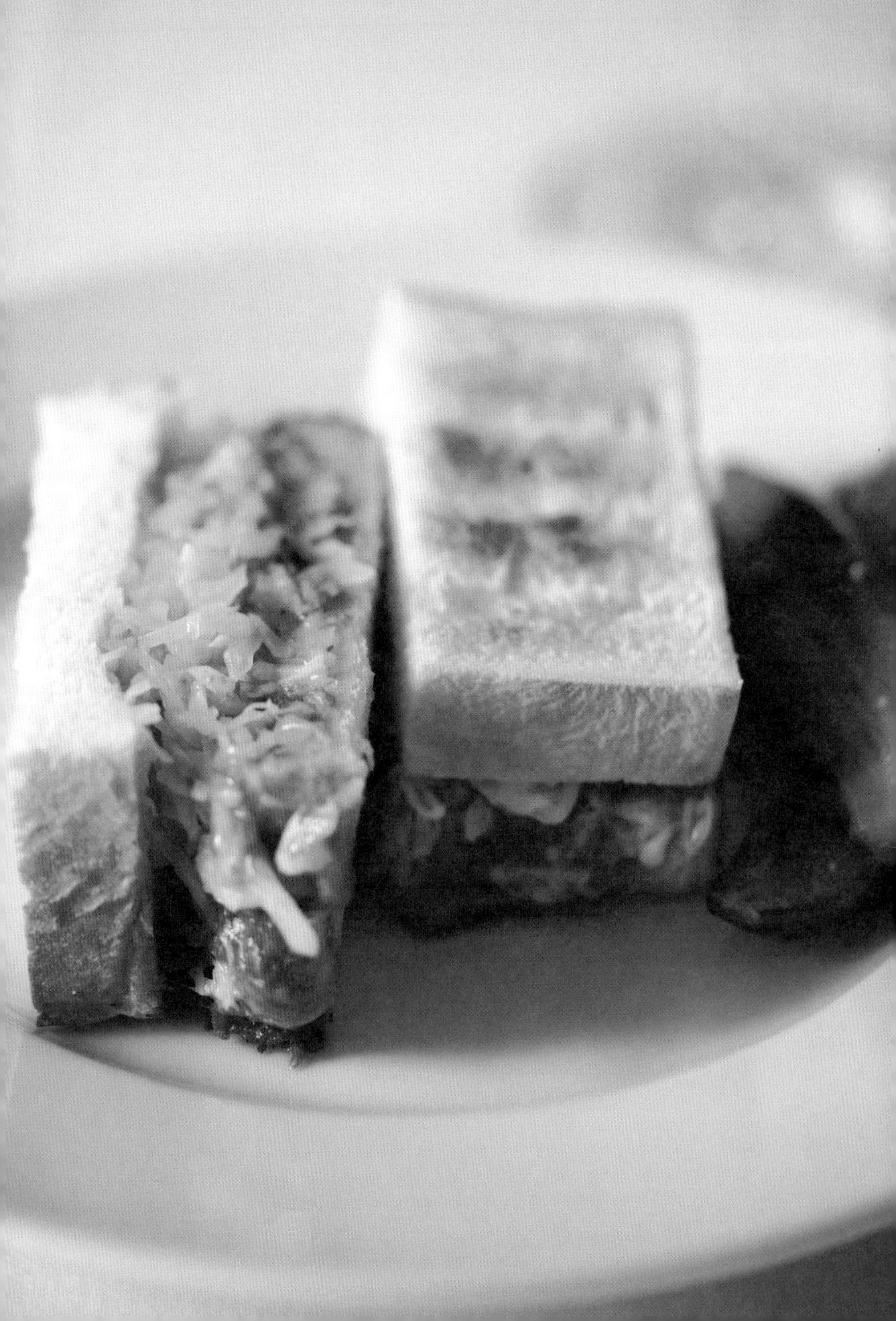

Toasted banana custard gratiner
バナカスタードのグラチネ
-- p.134

カスタードクリームとバナナという王
道の組合せをカンパーニュで。サラマ
ンダーモードで表面を焼いて、キャラ
メリゼするとブリュレのような味わい。

LUNCH *Dessert*

ランチタイムの締めくくりに、
オーブンで仕上げる焼きたてのデザート。
あつあつのデザートならではの、
ふんわり温かな食感や漂うフルーツやバニラの香り。
できたてをすぐに楽しもう。

Dutch baby pancake
ダッチベイビー
-- p.135

ドイツ風のパンケーキ、ダッチベイビー。生地を流し込んだスキレットをそのままトースターに入れて、ぷくっと膨らんだ焼きたてをすぐにテーブルに。

Fruit gratin
フルーツグラタン
-- p.135

ふわりと泡立てた軽やかなサバイヨンソースと季節のフルーツをあつあつに焼き上げれば、温度も香りも楽しめる至福のデザートが完成。焼きたてを。

Bread pudding

パンプディング

-- *p.136*

バゲットをあらかじめ焼いてバタート
ーストにしておくことがポイント。カ
リッと食感もよく香ばしく仕上がり、
あつあつのプディングとの相性が抜群。

COCKTAIL TIME

RESTAURANT Bのカクテルタイム。
ゆっくりとたそがれていく空を眺めながら
ワインやカクテルを楽しむ贅沢な時間。
カリカリのメルバトースト、自家製のピクルスやペースト。
自慢のレシピをご紹介しよう。

Melba toast
メルバトースト
-- p.136

バゲットが余った時はメルバトースト
はいかが。薄切りにして焼き、じっく
り水分を飛ばしてカリカリに。保存容
器に入れておけば数日は楽しめる。

1 **Mushroom paste**
きのこのペースト
— *p.138*

2 **Cheese and dried fruit**
チーズとドライフルーツ
— *p.138*

3 **Guacamole**
ワカモレ
— *p.138*

4 **Taramo paste**
タラモペースト
— *p.139*

5 **Tuna tartar**
まぐろのタルタル
— *p.139*

メルバトーストと自家製ペーストやタルタルを合わせて、とっておきのカクテルタイム。作っておけばいつでもワインにぴったりな一皿が完成する。

RESTAURANT B自慢の自家製シリ
ーズ。自分で作ると本当においしいマ
ヨネーズや、ピクルス、ペースト類。

1 **Cheese marinade**
   チーズマリネ
   -- p.140

2 **Mushroom paste**
   きのこのペースト
   -- p.140

3 **Mayonnaise**
   マヨネーズ
   -- p.140

4 **Cucumber pickles**
   きゅうりのピクルス
   -- p.141

5 **Taramo paste**
   タラモペースト
   -- p.141

1｜チーズマリネはパンにのせて焼くだけで香り高いチーズトーストになる。2｜アンチョビーが効いたきのこのペーストはワインにもぴったり。3｜自家製マヨネーズはサラダにサンドイッチにと万能のソースに。4｜きゅうりのピクルスは旬にまとめて作りたくなる。5｜レモンの酸味を効かせたたらこのペースト。

LUNCH *Sandwich*

p.106

Cheese burger with French fries
チーズバーグとフライドポテト

チーズバーグ

● 材料（2人分）

パン（ハードトースト）…4枚
チェダーチーズ（薄切り）…4枚
マヨネーズ…大さじ2
オリーブ油…適量
ハンバーグ
   合いびき肉…200g
   玉ねぎ（みじん切り）…½個分
   とき卵…½個分
   生パン粉…½カップ
   牛乳…大さじ1
   塩…小さじ⅓
   こしょう…少々
   サラダ油…適量
ソース
   赤ワイン…½カップ
   トマトケチャップ…大さじ3
   ウスターソース…小さじ2
   バター…大さじ2〜3
   塩、こしょう…各少々
好みできゅうりのピクルス
（作り方141ページ参照）…1本

● 作り方

1　玉ねぎはサラダ油小さじ1でいため、冷ましておく。

2　ボウルに残りのハンバーグの材料を入れ1の玉ねぎも加える。手で粘りが出るまでよく練り合わせる。2等分にして手で丸めて、空気を抜くようにしながら平たい楕円形に整える。

3　フライパンにサラダ油大さじ1を入れて強火にかけ、2の両面をこんがりと焼く。ふたをして弱火に落とし、2〜3分焼いて取り出す。ペーパータオルなどでフライパンの脂を軽くふき取る。

4　3のフライパンに赤ワインを入れて煮つめる。水大さじ1、トマトケチャップ、ウスターソースの順に加えて煮つめ、最後にバター、塩、こしょうを加えて調味する。3のハンバーグを戻してからめる。

5　パン4枚にオリーブ油をぬってトースターのトーストモードで5分、カリッと焼く。2枚にはマヨネーズをぬり、それぞれハンバーグ、チェダーチーズ2枚をのせる。

6　トースターのサラマンダーモードで3分、チーズがとけてこんがりするまで焼いたら、もう1枚のパンでサンドする。

7　器に盛りつけ、ガーデンサラダとフライドポテト（作り方右ページ参照）をたっぷりと添える。好みでピクルスを。

p.110

Toasted cress sandwich
クレソンのホットサンドイッチ

・材料（2人分）
パン（山型パン／8枚切り）…4枚
にんにく（薄切り）…1かけ分
バター…40g
クレソン…2束
オリーブ油…大さじ2
塩、黒こしょう…各適量
赤ワインビネガー…小さじ1〜2
くるみ（ローストして軽く皮をむき、粗く刻む）
…大さじ2

・作り方

1　フライパンににんにくとバターを入れて
　　ゆっくりと加熱し、にんにくがこんがり
　　として香りが立ったら火を止めてにんに
　　くを取り出し、パンの片面にはけでぬる。
2　バターをぬった面を上にしてパンをトー
　　スターのトーストモードで5〜6分焼き、
　　ガーリックトーストにする。
3　クレソンは洗ってしっかりと水気をふき
　　取り、食べやすい大きさにちぎり、茎の
　　部分は小口に切る。ボウルに入れ、オリ
　　ーブ油、塩、黒こしょう、赤ワインビネ
　　ガーの順に加えてざっとあえ、くるみを
　　加えてざっくりとあえる。
4　2のパン2枚にたっぷりと3をのせ、もう
　　1枚でサンドする。

フライドポテト

・材料（2人分）
じゃがいも（メークイン）…3個
揚げ油（サラダ油、ラードなど）
好みでローズマリー…適量
粗塩…適量

・作り方

1　じゃがいもは皮つきのまま丸ごとゆでる
　　か、蒸して、冷蔵庫で一晩おいてからく
　　し形に切る。
2　揚げ鍋に油と好みでローズマリーを入れ、
　　180℃に熱し、1のじゃがいもを入れ、
　　時々混ぜながら全体にこんがりと色づき、
　　カリッとなるまで揚げる。
3　バットにとり、粗塩をふる。

p.112

Toasted sandwich
with egg tartar sauce and pickles
ピクルスいっぱいのタルタルサンド

● 材料（2人分）
パン（食パンの白とライ麦／10枚切り）
…各4枚
からしバター
（有塩バター50g、からし小さじ⅓を
混ぜ合わせる）
きゅうりのピクルス
（作り方141ページ参照／みじん切り）…100g
ゆで卵（みじん切り）…4個分
マヨネーズ…大さじ6
塩、こしょう…各少々

● 作り方
1 パンは片面にからしバターをぬる。
2 ゆで卵とピクルス、塩、こしょう、マヨ
  ネーズを混ぜ合わせる。パンの白2枚と
  ライ麦2枚にのせ、それぞれもう1枚で
  サンドして手で押さえてなじませる。
3 ラップフィルムに包んで、冷蔵庫で10分
  ほどおく。耳を落として切り分ける。

p.113

Croque monsieur
クロックムッシュー

● 材料（2人分）
パン（小さめの角食／6枚切り）…4枚
ロースハム…2枚
グリュイエールチーズ（シュレッドタイプ）
…50g
バター…適量
ベシャメルソース
　　バター…大さじ2
　　小麦粉…大さじ2
　　牛乳…1カップ
　　塩…小さじ⅓
　　こしょう、ナツメッグ…各少々
黒こしょう…少々

● 作り方
1 ベシャメルソースを作る。小鍋にバター
  を熱し、全部とけて泡立ってきたら、ふ
  るった小麦粉を加えていためる。牛乳を
  少し加えたらすぐになめらかになるまで
  混ぜ、これを繰り返して牛乳をすべて加
  える。煮立ててとろみが出たら、塩、こ
  しょう、ナツメッグで調味する。
2 パンの片面に薄くバターをぬり、さらに
  上に薄く1のベシャメルソースを重ねる。
  ロースハムとグリュイエールチーズ少々
  をのせ、パンを上にのせてサンドする。上
  面にもベシャメルソースをぬり、グリュ
  イエールチーズを上にかける。
3 トースターのチーズトーストモードで7
  ～8分、チーズがとけてこんがりと焼き
  色がつくまで焼き、黒こしょうをふる。

133

p.114

Cabbage pickles and corned beef sandwich
キャベツとコーンビーフのホットサンド

● 材料（2人分）

パン（食パン）…4枚
からしバター
（バター30g、からし小さじ⅓を混ぜ合わせる）
チェダーチーズ（薄切り）…4枚
ザワークラウト
　　キャベツ（せん切り）…¼個分
　　酢…大さじ3
　　砂糖…大さじ2
　　塩…小さじ⅔
　　黒こしょう…少々
　　オリーブ油…小さじ½
コーンビーフ…2缶（160g）
ロシアンソース（材料をすべて混ぜ合わせる）
　　マヨネーズ…大さじ3
　　トマトケチャップ…大さじ1
　　タバスコ…少々
　　パプリカパウダー…小さじ¼
　　黒こしょう…少々
　　塩…小さじ½
きゅうりのピクルス（作り方141ページ参照）
…適量

● 作り方

1　キャベツをざるに入れ、上から熱湯をかけてさっと混ぜ合わせ、全体にしんなりしたら、熱いうちに酢、砂糖、塩を混ぜ合わせ、黒こしょう、オリーブ油を加え混ぜる。

2　コーンビーフをほぐし、ロシアンソースを加えて混ぜる。

3　パンにからしバターをぬり、1枚には1のザワークラウト、もう1枚には2をたっぷりとぬり、上からチェダーチーズを1枚ずつのせる。トレーに2枚を並べてトースターのトーストモードでチーズがとけるまで10分ほど焼く。2枚をぎゅーっとサンドする。残りのパンも同様に焼いてサンドする。切り分けて器に盛り、ピクルスを添えて。

p.116

Toasted banana custard gratiner
バナナカスタードのグラチネ

● 材料（2人分）

パン（カンパーニュ／厚さ1.5cm）…2枚
カスタードクリーム
　　　牛乳…1¼カップ
　　　卵黄…3個分
　　　グラニュー糖…75g
　　　バニラビーンズ…¼本
　　　薄力粉…25g
　　　バター…15g
　　　グラン・マルニエ（またはラム酒）
　　　…小さじ1
バナナ…1本
カソナード…適量

● 作り方

1　カスタードクリームを作る。鍋に牛乳と
　　バニラビーンズを入れて熱し、沸騰直前
　　で火を止める。

2　ボウルに卵黄とグラニュー糖を入れて混
　　ぜ、ふるった薄力粉を加えて混ぜる。1
　　を加えて混ぜ、こして1の鍋に戻す。バ
　　ニラビーンズの種を取って鍋に入れ、さ
　　やは除く。

3　2を火にかけ、ふつふつと煮立ててとろ
　　みがつくまで泡立て器で混ぜる。なめら
　　かになりつやが出てきたら、バットに流
　　してラップフィルムをし、粗熱を取る。室
　　温でやわらかくしたバターを加えて混ぜ、
　　グラン・マルニエを加える。

4　パンにカスタードクリームをたっぷりと
　　ぬる。縦半分に切ったバナナを並べ、上
　　からカソナードをたっぷりふりかける。

5　トースターのクラシックモード200℃で
　　5〜6分焼き、サラマンダーモードで3分
　　焼いて仕上げる。

LUNCH *Dessert*

 p.118

Dutch baby pancake
ダッチベイビー

● 材料（2人分）

卵…2個
塩…小さじ⅓
レモンの皮（すりおろし）…½個分
牛乳（冷やす）…80㎖
薄力粉…55g
バター…20g
レモン汁、粉糖、角切りバター…各適量

● 作り方

1　卵は割りほぐして、塩とレモンの皮を加え、牛乳も加えて混ぜる。ふるった薄力粉を加えて混ぜる。
2　スキレットにバターを熱し、1を流し入れる。
3　トースターのクラシックモード200℃で10～15分焼く。焼上りに角切りバターをのせ、粉糖をたっぷりふり、レモン汁をかけていただく。フルーツマリネやジャムを添えても。

 p.119

Fruit gratin
フルーツグラタン

● 材料（4人分）

さくらんぼ…16個
（またはいちじく、桃、プラムなど好みで）
卵黄…4個分
きび砂糖…70g
白ワイン…大さじ2
生クリーム…¾カップ
マデーラ酒…小さじ2
バニラビーンズ…¼本
粉糖…適量

● 作り方

1　卵黄をボウルに入れてほぐし、きび砂糖を加えて湯煎にかけながらもったりとするまで泡立てる。白ワイン、マデーラ酒を加え、バニラビーンズの種をしごき入れて、さらに泡立てる。
2　別のボウルに生クリームを六分立てくらいに泡立て、1に加えて混ぜる。
3　さくらんぼは種を取り、耐熱皿に並べる。2のソースをかけてきび砂糖適量（分量外）をふりかけ、トースターのクラシックモード200℃で15分、焦げ目がつくまで焼く。仕上げに粉糖をふりかける。

p.120

Bread pudding
パンプディング

● 材料（4人分）

パン（バゲット／厚さ1cmの斜め切り）
…½本分
卵…2個
卵黄…2個分
グラニュー糖…70g
牛乳…1½カップ
生クリーム…30ml
レーズン…大さじ1
バニラエッセンス…少々
バター…適量
粉糖…適量

● 作り方

1　パンはバターをぬって、トースターのフ
　　ランスパンモードで4分、こんがりとす
　　るまで焼く。
2　ボウルに卵、卵黄を入れてほぐし、グラ
　　ニュー糖を加えて混ぜる。牛乳と生クリ
　　ーム、バニラエッセンスを加えて混ぜる。
3　耐熱容器の内側に薄くバターをぬり、1
　　を少しずつ重ねながら並べる。2の卵液
　　を流し入れ、レーズンを散らす。
4　バットなどに3をのせて熱湯を張り、ト
　　ースターのクラシックモード170℃で10
　　～15分蒸焼きする。粉糖をふる。

 p.124

Melba toast
メルバトースト

● 作り方

1　バゲットを3～4mm厚さの薄切りにする。
　　トースターのクラシックモード170℃で
　　10分焼き、5～6分休ませてからさらに
　　5分ほど焼く。

p.125

Mushroom paste
きのこのペースト

●材料（作りやすい分量）

生しいたけ（細かいみじん切り）…10枚分
マッシュルーム（細かいみじん切り）
…10〜20個分
にんにく（みじん切り）…1かけ分
アンチョビー（みじん切り）…30g
塩…少々
こしょう…少々
オリーブ油…大さじ2
サワークリーム…適量

●作り方

1　フライパンにオリーブ油を熱し、にんにく、アンチョビーを入れていため、きのこ類を加え、しっとりするまでいためる。塩、こしょうで味を調える。
2　メルバトースト（作り方136ページ参照）にサワークリームをぬり、きのこのペーストをのせる。

Cheese and dried fruit
チーズとドライフルーツ

●作り方

1　チーズは白カビやウォッシュタイプなど少し癖のあるタイプがおすすめ。いちじくなどのドライフルーツを合わせ、香りのいいタイムを添えて。

Guacamole
ワカモレ

●材料（作りやすい分量）

アボカド（種を取る）…2個
にんにく（すりおろし）…1かけ分
香菜（みじん切り）…1束分
ハラペーニョの酢漬け（みじん切り）
…大さじ1
ライム汁…½個分
塩…小さじ½
オリーブ油…大さじ2

●作り方

1　にんにく、香菜、ライム汁を混ぜ、アボカドを加えてつぶすように混ぜる。ハラペーニョの酢漬け、塩、オリーブ油を加えて混ぜる。

Taramo paste
タラモペースト

● 材料（作りやすい分量）

たらこ（薄皮を取り除く）…1腹
カッテージチーズ（裏ごしタイプ）…100g
レモン汁…大さじ1
オリーブ油…大さじ2
塩…適量
黒こしょう…適量
レモンの薄切り…適量

● 作り方

1　ボウルにたらこを入れてレモン汁、オリーブ油を合わせて混ぜる。カッテージチーズを加えて混ぜ、味をみて塩、黒こしょうで調える。レモンの薄切りを添える。

Tuna tartar
まぐろのタルタル

● 材料（作りやすい分量）

まぐろ（さしみ用／3〜4mmの角切り）…150g
アボカド（種を取って、1cmの角切り）…½個分
ゆで卵の黄身（つぶす）…1個分
きゅうりのピクルス
（作り方141ページ参照／みじん切り）…3本分
エシャロット（みじん切り）…大さじ1
レモン汁、白ワインビネガー…各小さじ1
オリーブ油…大さじ2
塩…小さじ½
しょうゆ…少々
こしょう…少々
シブレット…適量

● 作り方

1　ボウルにまぐろ、ゆで卵の黄身、ピクルス、エシャロットを入れて混ぜ、レモン汁、白ワインビネガー、塩、こしょう、しょうゆ、オリーブ油を加えて混ぜ、アボカドも加えて混ぜる。メルバトースト（作り方136ページ参照）にのせ、シブレットを添える。

p.128

Cheese marinade
チーズマリネ

● 作り方
76ページ参照。

Mushroom paste
きのこのペースト

● 作り方
138ページ参照。

Mayonnaise
マヨネーズ

● 材料（作りやすい分量）
卵黄…1個分
ディジョン・マスタード…小さじ2
酢…小さじ1
塩…小さじ½
砂糖…小さじ2
米油（またはサラダ油）…2カップ
オリーブ油…¼カップ
レモン汁…小さじ1
白こしょう…少々

● 作り方
1　ボウルにディジョン・マスタードと、卵黄をときほぐし、酢と塩を加えて混ぜる。
2　1に米油を少しずつ細く垂らしながら泡立て器で一方向に混ぜて乳化させていく。1カップほど加えて全体がかたくなり混ぜにくくなってきたら、熱湯小さじ1を加え、さらに米油を少しずつ加え混ぜていく。かたくなり混ぜにくくなったらその都度熱湯を小さじ1ほど加える。
3　オリーブ油を加えて混ぜ、最後に味をみて砂糖、白こしょう、レモン汁を加えてでき上り。

Cucumber pickles
きゅうりのピクルス

● 材料（作りやすい分量）
きゅうり（縦半分に切り、
長ければ2等分に切る）…6本分
塩…適量
ピクルス液
    米酢…1カップ
    水…1½カップ
    砂糖…60g
    塩…大さじ1½
    ディル…適量
    白粒こしょう…適量
    マスタードシード…適量
    セロリシード…適量

● 作り方
1 きゅうりは全体に塩をまぶす。水気が出るまで30分ほどおき、しんなりしたら軽く絞って水気をきり、煮沸消毒した瓶に詰める。
2 鍋にピクルス液の材料を入れて沸騰させ、熱いまま1の瓶に注ぎ、ふたをして粗熱を取り、冷蔵庫へ。

Taramo paste
タラモペースト

● 作り方
139ページ参照。

バルミューダのトースターが誕生したのは2015年。
毎朝のパンがおいしくなったら。
そんなシンプルな想いから登場したトースターは、
常においしさと使いやすさを追求し進化を重ねています。

最新の「BALMUDA The Toaster Pro」に搭載されているのが、
「サラマンダー」モードです。
サラマンダーとは、レストランなどでプロが使う調理器具のことで、
料理の仕上げに高温で表面に焼き色や焦げ目をつけます。
食材の水分を飛ばすことなく、短時間で表面にだけ香ばしい焼き目を
つけることができるので、パンやグラタン、野菜やお肉まで、
仕上げひとつでいつもの料理がちょっとしたお店の味になるのです。

本書『RESTAURANT B RECIPE BOOK』では
この「BALMUDA The Toaster Pro」を使った
とびきりのレシピをたくさんご紹介しています。

朝食、ランチ、おやつの時間にカクテルタイム……
香ばしい香りに包まれた幸せな一日が過ごせますように。

BALMUDA The Toaster Pro

本体寸法　　　幅357×奥行き324×高さ209㎜
運転モード　　トーストモード、チーズトーストモード、フラン
　　　　　　　スパンモード、クロワッサンモード、クラシック
　　　　　　　モード（170、200、230℃）、サラマンダーモード

https://www.balmuda.com
Instagram: @balmuda

坂田阿希子　Sakata Akiko

フランス菓子店やフランス料理店での経験を重ねた後、料理研究家として独立。2019年に東京・代官山に「洋食KUCHIBUE」をオープン。同店では料理教室も開催。テレビ、書籍、雑誌など幅広く活躍。『温かいからおいしいお菓子』『このひと皿で五感がめざめる、パワースープ』（共に文化出版局）、『ピラフとドリア』（立東舎）など著書多数。　https://kuchibue.tokyo/

協力	BALMUDA

撮影	日置武晴
スタイリング	千葉美枝子
デザイン	白い立体
校閲	位田晴日
DTP	文化フォトタイプ
編集	鈴木百合子（文化出版局）

撮影小物協力　リチャードジノリ・アジアパシフィック
www.ginori1735.com

チェリーテラス代官山
TEL. 03-3770-8728

木村硝子店
TEL. 03-3834-1781

RESTAURANT

B

RECIPE

BOOK

レストラン *B* レシピブック

2023年12月7日　第1刷発行

著者	坂田阿希子
発行者	清木孝悦
発行所	学校法人文化学園 文化出版局
	〒151-8524 東京都渋谷区代々木3-22-1
	TEL. 03-3299-2479（編集）
	03-3299-2540（営業）
印刷・製本所	株式会社文化カラー印刷

©Monsieur Martin 2023 Printed in Japan
本書の写真、カット及び内容の無断転載を禁じます。

本書のコピー、スキャン、デジタル化等の無断複製は著作権法上での例外を除き、禁じられています。本書を代行業者等の第三者に依頼してスキャンやデジタル化することは、たとえ個人や家庭内での利用でも著作権法違反になります。

文化出版局HP https://books.bunka.ac.jp/